BEI GRIN MACHT SICH IHR WISSEN BEZAHLT

- Wir veröffentlichen Ihre Hausarbeit,
  Bachelor- und Masterarbeit

- Ihr eigenes eBook und Buch -
  weltweit in allen wichtigen Shops

- Verdienen Sie an jedem Verkauf

Jetzt bei www.GRIN.com hochladen und kostenlos publizieren

Bibliografische Information der Deutschen Nationalbibliothek:

Die Deutsche Bibliothek verzeichnet diese Publikation in der Deutschen National-
bibliografie; detaillierte bibliografische Daten sind im Internet über http://dnb.d-
nb.de/ abrufbar.

Impressum:

Copyright © 2006 GRIN Verlag, Open Publishing GmbH
Druck und Bindung: Books on Demand GmbH, Norderstedt Germany
ISBN: 9783668297517

Dieses Buch bei GRIN:

http://www.grin.com/de/e-book/340131/die-constitutio-antoniniana-ein-krisensym-
ptom-der-roemischen-soldatenkaiserzeit

Tabea Roth

Die Constitutio Antoniniana. Ein Krisensymptom der römischen Soldatenkaiserzeit?

GRIN Verlag

GRIN - Your knowledge has value

Der GRIN Verlag publiziert seit 1998 wissenschaftliche Arbeiten von Studenten, Hochschullehrern und anderen Akademikern als eBook und gedrucktes Buch. Die Verlagswebsite www.grin.com ist die ideale Plattform zur Veröffentlichung von Hausarbeiten, Abschlussarbeiten, wissenschaftlichen Aufsätzen, Dissertationen und Fachbüchern.

Besuchen Sie uns im Internet:

http://www.grin.com/

http://www.facebook.com/grincom

http://www.twitter.com/grin_com

Inhaltsverzeichnis

1. Die römische Soldatenkaiserzeit: Merkmale einer Krise

Jacob Burckhardt versteht unter dem Begriff *Krise* „eine Koinzidenz von ökonomischen, sozialen, politischen und geistigen Veränderungen [...], mit dem Effekt, da[ss] ein altes System in einem beschleunigten historischen Proze[ss] durch ein neues ersetzt wird"[1]. Der Abschnitt zwischen der Herrschaft des Kaisers Commodus und dem Regierungsantritt Diokletians (180 –284 n. Chr.), der in der Geschichtswissenschaft als Soldatenkaiserzeit bezeichnet wird[2], zeigt entsprechend dieser Definition deutliche Krisenmerkmale auf.

In jener Zeit, die in der römischen Geschichte den Übergang vom Prinzipat zum Dominat markiert, geriet das Imperium Romanum militärisch zunehmend in die Defensive, da es zum einen an der Rhein-Donau-Grenze von germanischen Stämmen[3], und gleichzeitig im Osten, zunächst von den Parthern, später von dem Großreich der Sassaniden[4], bedroht wurde. In Folge dessen verlagerten sich die politischen Entscheidungszentren mehr und mehr von der Hauptstadt weg, hin zu den Reichsgrenzen, da die Anwesenheit des Kaisers bei den Truppen in dieser Situation unabdingbar war[5].

Die dauerhafte Entfernung des Princeps von Rom und dem dort ansässigen Senat führte schließlich dazu, dass sich die Grenzheere zum entscheidenden Machtfaktor entwickelten[6]. Verstarb ein Kaiser, so akklamierten seine Soldaten, unabhängig von der Politik in der Hauptstadt, denjenigen Offizier, von dem sie sich am meisten erhofften, zu dessen Nachfolger[7]. Die Principes wurden also nicht mehr von den Senatoren ernannt, sondern fast ausnahmslos vom Heer erhoben[8]. Darum weist sich diese Zeit auch durch häufige Herrscherwechsel aus[9]. Denn sobald der Fall eintrat, dass ein Kaiser die – vor allem finanziellen – Erwartungen seiner Soldaten nicht erfüllen konnte, wurde dieser beseitigt und ein anderer nahm seine Position ein. Zumindest seit dem Ende des severischen Kaiserhauses im Jahre 235 n. Chr. ist deshalb eine deutliche Abkehr von dem dynastischen Prinzip, das in

---

[1] Alföldy, Géza: Historisches Bewußtsein während der Krise des 3. Jahrhunderts, in: Géza Alföldy (Hrsg.): Krisen in der Antike. Bewußtsein und Bewältigung, Düsseldorf 1975, S. 112.

[2] Vgl. Franke, Thomas: Soldatenkaiser, in: Der Neue Pauly, Bd. 11, Sp. 698.

[3] Vgl. Sommer, Michael: Die Soldatenkaiser, Darmstadt 2004, S. 72.

[4] Vgl. ebd., S. 77.

[5] Vgl. Christ, Karl: Geschichte der römischen Kaiserzeit, 2. Auflage, München 1992, S. 696.

[6] Vgl. Christ, Karl: Die Römer. Eine Einführung in ihre Geschichte und Zivilisation, 3. Auflage, München 1994, S. 180.

[7] Vgl. Sommer, S. 82.

[8] Daher werden diese Principes auch im Gegensatz zu ihren Vorgängern, die ihre Legitimation durch den Senat erhalten hatten, als *Soldatenkaiser* bezeichnet. Vgl. dazu Michael Grant: Das Römische Reich am Wendepunkt. Die Zeit von Mark Aurel bis Konstantin, München 1972, S. 15.

[9] Vgl. Grant: Wendepunkt, S 15.

der Vergangenheit für eine gewisse Kontinuität an der Reichsspitze gesorgt hatte, zu beobachten, da nun bei der Nachfolgeregelung der Principes Willkür herrschte.

Unter diesen Umständen mussten auch bei den politischen Entscheidungen der Machthaber die Interessen der Truppen ihm Vordergrund stehen. Da die oberste Priorität der Kaiser darin lag, die eigene Macht und die Einheit des Imperiums zu sichern, und sich ihre Herrschaft hauptsächlich durch die Soldaten legitimierte, stellten sie dringende innenpolitische Reformen zum Leidwesen der Reichsbevölkerung oftmals hinten an, um statt dessen den militärischen Erfordernissen gerecht werden zu können[10].

Um Usurpationen[11], das heißt die Ausrufung von Gegenkaisern, zu verhindern, mussten sich die Principes die Loyalität ihrer Soldaten immer teurer, mittels Solderhöhungen, erkaufen[12]. Finanziert wurde diese Politik zum einen durch die Steigerung von Steuerabgaben[13], zum anderen durch die Verschlechterung der Münzen, indem deren Feingehalt an Edelmetall reduziert wurde[14]. Diese Maßnahme, die die Staatskasse entlasten sollte, führte jedoch zu einem Währungsverfall, der sowohl den Handel als auch das Gewerbe im ganzen Reich nachhaltig schädigen sollte[15]. Folglich sank nicht nur die Kaufkraft der Reichsbewohner, die schon durch die erhöhten Steuerabgaben stark belastet waren, ab[16], vielerorts kehrte man sogar zum Tauschhandel zurück[17].

In der Soldatenkaiserzeit haben sich also sowohl im militärischen als auch im politischen, wirtschaftlichen sowie sozialen Bereich gravierende Veränderungen ereignet, die eine Ablösung des Prinzipats durch das Dominat förderten. Es ist daher nach Burckhardt durchaus gerechtfertigt, diesen Zeitabschnitt als Krise des Römischen Reiches zu bezeichnen.

Der Rechtshistoriker Ludwig Mitteis bemerkt in der Übergangsphase zwischen den beiden politischen Systemen zudem ein Krisensymptom im Rechtswesen jener Zeit: Die Constitutio Antoniniana. Das kaiserliche Edikt aus dem Jahr 212 n. Chr., mit dem Kaiser Marcus Aurelius Severus Antoninus, genannt Caracalla, allen freien Bewohnern des Imperium Romanum das römische Bürgerrecht verlieh[18], markiert nach Meinung Mitteis´ eine Veränderung in der Politik der Reichsregierung im Umgang mit den lokalen Rechtsnormen

---

[10] Vgl. Christ: Geschichte, S. 697.
[11] Die genaue Definition des Begriffs Usurpator ist äußerst umstritten. Im Allgemeinen wird damit ein Herrscher ohne Legitimation bezeichnet. Vgl. dazu Sommer, S. 82.
[12] Vgl. Sommer, S. 24.
[13] Vgl. Rostovtzeff: Michael: Geschichte der alten Welt, Bd. 2: Rom. Leipzig 1942, S. 399.
[14] Vgl. Sommer, S. 91.
[15] Vgl. Rostovtzeff, S. 402.
[16] Vgl. Sommer, S. 92.
[17] Vgl. ebd., S. 86.
[18] Vgl. Birley, A. R.: Constitutio Antoniniana, in: Der Neue Pauly, Bd. 3, Sp. 147.

und -traditionen in den Provinzen. Wurden diese bisher von den Kaisern toleriert[19], so soll das römische Recht, das nun als Reichsrecht auftrat, die verschiedenen Volksrechte[20] nicht nur ersetzt, sondern zerstört haben[21]. Ernst Schönbauer dagegen bestreitet die Ansicht Mitteis´, dass mit der Constitutio Antoniniana eine reichsweite Änderung der Rechtsordnung einher ging[22], zumal sich eine solche These nicht belegen lasse[23].

Das Ziel dieser Arbeit ist es, zu untersuchen, inwiefern die Constitutio Antoniniana als Symptom der Soldatenkaiserzeit angesehen werden kann und ob sie – wie dies Mitteis behauptet – tatsächlich zur damaligen Reichskrise beigetragen hat. Dazu werden zunächst der Inhalt des Edikts sowie die Umstände und mögliche Gründe für diese kaiserliche Verfügung vorgestellt. Die anschließende Analyse antiker Quellen soll dabei als Grundlage für eine Diskussion der beiden Thesen von Ludwig Mitteis und Ernst Schönbauer dienen, um abschließend das Edikt des Kaisers Caracalla aus dem Jahr 212 n. Chr. in einen größeren historischen Kontext einordnen zu können.

2. Die Constitutio Antoniniana

Das Edikt des Kaisers Marcus Aurelius Severus Antoninus (212 – 217 n. Chr.)[24] aus dem Jahr 212 n. Chr. wird in der Geschichtswissenschaft als *Constitutio Antoniniana* bezeichnet[25] und gilt als „die berühmteste gesetzliche Verordnung des klassischen Altertums"[26]. Allerdings reichen die wenigen Quellen, die uns über den Erlass informieren, nicht aus, um die genauen Umstände, Gründe und Einzelheiten dieser Maßnahme erfassen zu können[27]. Zwar ist der Inhalt der Constitutio Antoniniana auf einem Papyrus der Gießener Sammlung (P. Giss. 40 I)

---

[19] Vgl. Christ: Geschichte, S. 377.

[20] Als Volksrechte werden die einheimischen Rechte der verschiedenen Gemeinden in den Provinzen des Römischen Reiches bezeichnet.

[21] Vgl. Mitteis, Ludwig: Reichsrecht und Volksrecht in den östlichen Provinzen des römischen Kaiserreichs, Leipzig 1891, S. 111.

[22] Vgl. Schönbauer, Ernst: Reichsrecht, Volksrecht und Provinzialrecht. Studien über die Bedeutung der Constitutio Antoniniana für die römische Rechtsentwicklung, Zeitschrift der Savigny-Stiftung für Rechtsgeschichte. Romanistische Abteilung 57 (1937), S. 329.

[23] Vgl. Schönbauer, Ernst: Reichsrecht gegen Volksrecht ? Studien über die Bedeutung der Constitutio Antoniniana für die römische Rechtsentwicklung, in: Zeitschrift der Savigny-Stiftung für Rechtsgeschichte, Romanistische Abteilung, Bd. 51 (1931), S. 278.

[24] Vgl. Kornemann, Ernst: Römische Geschichte, Bd. 2: Die Kaiserzeit, 4. Auflage, Stuttgart 1954, S. 310.

[25] Vgl. Sasse, Christoph: Die Constitutio Antoniniana. Eine Untersuchung über den Umfang der Bürgerrechtsverleihung auf Grund des Papyrus Giss. 40 I., Wiesbaden 1958, S. 15.

[26] Grant, Michael: Die Geschichte Roms. Von den Etruskern bis zum Untergang des Römischen Reiches, Bergisch Gladbach 1986, S. 409.

[27] Vgl. Sasse, S. 9.

überliefert[28], der genaue Wortlaut lässt sich jedoch aufgrund der vielen Lücken nur ungenau rekonstruieren:

„Imperator Caesar Marcus Aurelius Severus Antoninus Augustus verkündet: Es ist nötig, da[ss] ich vor allem natürlich auf Dinge, die zur Verehrung der Götter gehören, meine Überlegungen richte, wie ich den unsterblichen Göttern würdig dafür danken könnte, da[ss] sie mir angesichts eines solchen Anschlags mein Leben erhielten. Darum glaube ich, da[ss] ich so auf großartige und fromme Weise das ihrer Majestät entsprechende tun könnte, wenn ich soviel Zehntausende, wie zu meinen Menschen hinzuträten, gleichberechtigt in die Tempel der Götter mit darbrächte. Ich verleihe also allen, die über die Oikumene hin wohnen, das römische Bürgerrecht, wobei keine der früheren Benachteiligungen bestehen bleiben soll außer den deditizischen."[29]

Kaiser Caracalla verleiht mit diesem Edikt allen peregrinen[30] Reichsangehörigen das römische Bürgerrecht. Ausgenommen sind lediglich die dediticii, „eine[...] Gruppe, die eindeutig zu definieren bis heute nicht gelungen ist"[31]. Um diesen Erlass zu rechtfertigen, gibt der Princeps religiöse Gründe an. Da er einem „Anschlag" entkommen sei, fühle er sich nun verpflichtet, den Göttern dafür danken, indem er ihnen mit der großzügigen Verleihung des römischen Bürgerrechts neue Verehrer zuführe.

Der Attentatsversuch auf den Kaiser, auf den der Text anspielt, lässt sich mit Hilfe der Schriften Herodians[32] und der Historia Augusta[33] erklären. Nachdem Septimius Severus im Jahre 211 n. Chr. verstorben war, strebte sein Sohn Caracalla, der sich im Sinne seines Vaters die Nachfolge zunächst mit seinem Bruder Geta geteilt hatte, die Alleinherrschaft an und tötete diesen schließlich. Um seine Tat zu verschleiern, behauptete er jedoch, er habe Geta aus Notwehr erstochen, da dieser ihn habe vergiften wollen.

Die religiöse Motivation des Ediktes ist allein schon deshalb fragwürdig, da den Berichten Herodians und der Historia Augusta durchaus Glauben zu schenken ist[34], wenn diese die vom Kaiser angegebene Notwehr in Frage stellen. Da das Leben des Princeps daher wohl nie gefährdet war, bestand für ihn auch keine Verpflichtung gegenüber den Göttern, sich mit einer

---

[28] Vgl. Kaser, Max: Römische Rechtsgeschichte, 2. Auflage, Göttingen 1986, S. 116.
[29] Übersetzung des P. Giss. 40 I von David Weissert.
[30] Als *peregrini* werden Bewohner des Imperium Romanum ohne Bürgerrecht bezeichnet. Vgl. dazu Sommer, S. 9.
[31] Bengtson, Hermann: Grundriss der Römischen Geschichte mit Quellenkunde, Bd. 1: Republik und Kaiserzeit bis 284 n. Chr., München 1967, S. 371.
[32] Vgl. Herod., 4, 4, 3.
[33] Vgl. SHA, Anton. Car., 2, 5.
[34] Herodian war ein Zeitgenosse Caracallas. Seine Schriften haben den Autor der Caracalla-Biographie in der Historia Augusta maßgeblich beeinflusst.

derartig weitreichenden Geste für die Beseitigung des angeblich verräterischen Bruders zu bedanken[35]. Außerdem ist zu bedenken, dass das römische Bürgerrecht zu keinem Zeitpunkt die Verehrung bestimmter Götter vorschrieb und grundsätzlich allen Einwohnern des Reiches Religionsfreiheit gewährt wurde[36].

Glaubwürdiger klingt dagegen die Begründung, die Cassius Dio[37] für die Constitutio Antoniniana angibt. „Der Zweck dieser Maßnahme war es [daher wohl eher], die Zahl derjenigen zu erhöhen, die die indirekten Erbschaftssteuern und die Abgaben für die Sklavenbefreiung bezahlen mu[ss]ten, denn diese Steuern wurden nur von römischen Bürgern erhoben"[38].

3. Die Folgen der Constitutio Antoniniana für das römische Rechtswesen

3.1. Die These von Ludwig Mitteis

Ludwig Mitteis geht davon aus, dass die Constitutio Antoniniana das römische Bürgerrecht in ein allgemein gültiges Reichsrecht umwandelte und deshalb eine „ungeheure Umwälzung in den Fundamenten der Rechts- und Gerichtsverfassung"[39] bewirkt hat. Denn schließlich war den Provinzen bis zum Erlass jener kaiserlichen Verfügung der Fortbestand ihrer jeweiligen Volksrechte garantiert worden[40]. Nun trat jedoch – nach Meinung Mitteis´ - das römische Recht in Konkurrenz zu diesen, was dem römischen Rechtswesen gewaltige Strukturprobleme bereitet und somit die Krise des römischen Reiches in der Soldatenkaiserzeit weiter verschärft haben muss[41].

Die Schuld hierfür gibt Mitteis Kaiser Caracalla, dem Initiator des Ediktes, da dieser sich bei dessen Umsetzung zu wenig gekümmert und über den genauen Gültigkeitsbereich des neuen Reichsrechts gegenüber den traditionellen Volksrechten nichts verfügt habe[42]. Eine solche weitreichende Maßnahme wie die Verleihung des römischen Bürgerrechts an alle freien Einwohner des Imperium Romanum hätte – nach Mitteis – nur im Zusammenhang mit einer reichsweiten Justizreform ergehen dürfen[43]. Statt dessen habe der Princeps „die Handhabung

---

[35] Vgl. Christ: Geschichte, S. 462.
[36] Vgl. Schönbauer (1931), S. 293.
[37] Vgl. Cass. Dio, 78, 9, 5.
[38] Grant: Geschichte, S. 410.
[39] Mitteis, S. 161.
[40] Vgl. ebd., S. 111.
[41] Vgl. ebd., S. 161.
[42] Vgl. ebd., S. 165.
[43] Vgl. ebd., S. 161.

des nunmehrigen Reichsrechts der natürlichen Entwicklung der Dinge überlassen"[44] und die Verantwortung für neue Rechtsfragen, die sich aus dem ungeklärten Verhältnis zwischen Reichs- und Volksrecht ergaben, denen übertragen, „welche gezwungen waren, sich damit zu beschäftigen"[45].

3.2. Ernst Schönbauers Gegenthese zu Mitteis

Im Gegensatz zu Ludwig Mitteis, der davon ausgeht, dass mit der Constitutio Antoniniana die traditionellen Volksrechte im ganzen Reich durch die römischen Rechtssätze ersetzt worden seien[46], glaubt Ernst Schönbauer nicht, dass mit der allgemeinen Verleihung des Bürgerrechts die rechtliche Vereinheitlichung des Imperium Romanum einher ging[47], sondern die bisherige Rechtsordnung in den Provinzen erhalten blieb[48]. Schönbauer begründet seine Annahme mit dem offensichtlichen Bedeutungswandel, der dem römischen Bürgerrecht bereits gegen Ende der Republik widerfahren war[49].

Ursprünglich wies dieses seine Inhaber als Zugehörige eines staatlichen Verbandes[50], dem Stadtstaat Rom, aus, dem gegenüber sie zum einen verpflichtet waren[51], der ihnen zum anderen aber auch rechtliche Privilegien[52], wie zum Beispiel die Möglichkeit zur aktiven Mitwirkung an den politischen Entscheidungsprozessen, zusicherte. Spätestens im Prinzipat[53], das die Bürger Roms von der politischen Willensbildung weitestgehend ausschloß, indem es ihnen das Wahl- und Abstimmungsrecht in den Volksversammlungen nahm, konnte man das

---

[44] Ebd., S. 165.
[45] Mitteis, S. 161.
[46] Vgl. Schönbauer, Ernst: Das Römische Recht nach 212 in ausschließlicher Geltung ?, in: Österreichische Akademie der Wissenschaften. Philosophisch-historische Klasse 86 (1949), S. 371.
[47] Vgl. Schönbauer (1937), S. 329.
[48] Vgl. Schönbauer, Ernst: Die Doppelbürgerschaft im römischen Reiche und ihre Wirkung auf die Rechtsentwicklung, in: Österreichische Akademie der Wissenschaften. Philoso-phisch-historische Klasse 86 (1949), S. 343.
[49] Vgl. Schönbauer (1931), S. 330.
[50] Vgl. ebd., S. 331.
[51] Römische Bürger waren bis zum Ende der Republik zum Dienst in den Bürgertruppen ver-pflichtet. Vgl. Hartmut Galsterer: Civitas, in: Der Neue Pauly, Bd. 2, Sp. 1224.
[52] Zu den rechtlichen Privilegien römischer Bürger gehörten zum Beispiel der Zugang zu poli-tischen Ämtern, sowie das Wahl- und Provokationsrecht. Vgl. Jochen Martin: Das alte Rom. Geschichte und Kultur des Imperium Romanum, München 1994, S. 97, Christ: Geschichte, S. 379 und Alfred Söllner: Einführung in die römische Rechtsge-schichte, 5. Auflage, München 1996, S. 77.
[53] Das römische Bürgerrecht hatte bereits zum Ende der Republik, vor allem unter der Diktatur Caesars, enorm an Bedeutung verloren, da den Bürgern Roms die aktive Teilnahme am politischen Geschehen und damit ein wesentliches Privileg ihres rechtlichen Status verwehrt wurde.

römische Bürgerrecht jedoch nicht mehr als ein effektives bezeichnen[54], zumal es nun nicht mehr als ein rechtlicher Status, sondern lediglich als personale Standeswürde angesehen wurde[55]. Dementsprechend verlieh bereits Kaiser Augustus Einwohnern römischer Provinzen, die sich um das Imperium Romanum verdient gemacht hatten, das römische Bürgerrecht als Auszeichnung[56], die allerdings nicht mehr die ursprünglichen Rechte eines Bürgers der ehemaligen Republik beinhaltete.

Ähnliches vermutet Schönbauer auch in Bezug auf die Constitutio Antoniniana. Er geht davon aus, dass Caracalla, in dem er der peregrinen Reichsbevölkerung das Bürgerrecht verlieh, diese lediglich „in den Rang eines Angehörigen des Staatsvolkes" empor hob, wobei er deren rechtliche Stellung jedoch unangetastet ließ. Jeder Neubürger wäre somit, trotz des Zugewinns des römischen Bürgerrechts, „in seinem [ursprünglichen] nationalen und bürgerstaatlichen Verbande"[57] verblieben.

Ernst Schönbauer interpretiert die Constitutio Antoniniana als Ausgangspunkt für die Schaffung einer Reichsbürgerschaft, die alle freien Bewohner des Imperium Romanum staatsrechtlich vereinheitlichte, ohne dass damit jedoch – wie dies Mitteis vermutet - ein unitarisches Reich gebildet worden wäre. Er ist deshalb davon überzeugt, dass die verschiedenen lokalen Rechtsstrukturen in den Provinzen auch nach dem kaiserlichen Edikt aus dem Jahr 212 n. Chr. weiter existierten und nicht durch das römische Recht ersetzt worden sind[58]. Falls dies zuträfe, müsste also auch die von Mitteis vermutete Krise im Bereich des römischen Rechtswesens ausgeblieben sein. Schönbauer stützt seine Annahme unter anderem auf die im Folgenden aufgeführten Quellen, die uns über die Herrschaft des Kaisers Caracalla informieren und – seiner Ansicht nach - der These Mitteis´ widersprechen[59].

3.3. Antike Autoren über die Herrschaft des Caracalla und die Constitutio Antoniniana

3.3.1. Cassius Dio

Cassius Dio, ein Zeitgenosse Caracallas[60], der dem senatorischen Stand angehörte und aus dieser Position heraus seine ganz persönliche Gegnerschaft zum Princeps pflegte[61], vermittelt

---

[54] Vgl. Heuß, Alfred: Römische Geschichte, 6. Auflage, München 1998, S. 368.
[55] Vgl. Schönbauer (1931), S. 331.
[56] Vgl. Schönbauer (1937), S. 319 und Karl Christ: Römer, S. 90.
[57] Schönbauer: Doppelbürgerschaft, S. 343.
[58] Vgl. Schönbauer (1931), S. 333.
[59] Vgl. ebd., S. 278.
[60] Vgl. Grant: Wendepunkt, S. 8.

seinen Lesern verständlicher Weise ein äußerst negatives Bild des Kaisers. Im Mittelpunkt seiner Kritik in den Büchern 78 und 79 steht dabei die Finanzpolitik des Princeps. Dieser soll die Geldmittel aus den Steuereinnahmen nicht der gesamten Reichsbevölkerung, sondern vor allem seinen Soldaten zugute gekommen lassen haben[62], „wobei er immer neue Vorwände und Kriege angab"[63], um dies in der Öffentlichkeit zu rechtfertigen. Aufgrund seiner „Verschlagenheit"[64], die er von seiner syrischen Mutter geerbt haben soll, hatte er – nach Cassius Dio - auch keine Skrupel, andere „nicht zum wenigsten die Senatoren"[65], auszuplündern und sie so zu Grunde zu richten.

Die Constitutio Antoniniana erwähnt der Autor nur beiläufig. Er unterstellt Caracalla, „alle Inwohner seines Reiches [allein deshalb] zu Römern"[66] gemacht zu haben, um damit eine „Steigerung seiner Einkünfte [zu] erzielen"[67], die er dann in Form von „Güter[n] und Geld"[68] unter seinen Soldaten und den Schmeichlern, die ihn umgaben, verteilte. Nach Meinung Cassius Dios sollte diese als „Ehrung"[69] der peregrini verschleierte Maßnahme lediglich dazu dienen, die Anzahl derer zu mehren, die Steuerabgaben zu entrichten hatten, mit denen ausschließlich römische Bürger belastet wurden.

3.3.2. Herodian

Der Geschichtsschreiber Herodian, der genauso wie Cassius Dio die Herrschaft Caracallas als Zeitzeuge miterlebte, bezeichnet den Kaiser als „von Natur aus jähzornig und mordlustig", „tückisch und hinterlistig"[70]. Nach seinen Schilderungen „buhlte [Caracalla] auf jede Art und Weise um die Alleinherrschaft"[71], so dass er nicht nur „feindselige Auseinandersetzungen"[72] mit seinem jüngeren Bruder – und Konkurrenten um den Kaiserthron – Geta heraufbeschwor, sondern auch, als sich das Sterben seines Vaters, dem Kaiser Septimius Severus, hinauszögerte, dessen Ärzte und Diener darum ersuchte, „dem Alten bei seiner Versorgung

---

[61] Vgl. Schönbauer (1931), S. 278. Caracalla setzte die Politik seines Vaters, Septimius Severus, der mit dem Senat gebrochen hatte, fort. Er respektierte die Senatoren nicht mehr als politische Partner, sondern stützte seine Macht auf das Heer. Vgl dazu auch Heuß, S. 355 und Martin, S. 75

[62] Vgl. Cass. Dio, 79, 10, 1.

[63] Ebd., 78, 9, 1.

[64] Ebd., 79, 10, 2.

[65] Ebd., 78, 9,5.

[66] Ebd., 78, 9, 5.

[67] Ebd., 78, 9, 5.

[68] Ebd., 79, 11, 1.

[69] Ebd., 78, 9, 5.

[70] Herod., 4, 9, 3.

[71] Ebd., 3, 15, 1.

[72] Ebd., 3, 13, 2.

einen Schaden anzutun, damit er [Caracalla] ihn schneller loswürde"[73]. Kurz nachdem Caracalla schließlich an die Macht gekommen war, ermordete er im Beisein der Mutter seinen Bruder und legitimierte diese Tat, indem er Geta unterstellte, einen Attentatsversuch gegen ihn unternommen zu haben[74]. Daraufhin soll der Princeps eine regelrechte Mordlust gegen Vertraute und Anhänger seines verstorbenen Bruders entwickelt haben, die ihn noch nicht einmal vor der Tötung von Säuglingen und Leichenschändungen zurückschrecken ließ[75].

Was den Regierungsstil Caracallas betrifft, legt Herodian großen Wert darauf, das Interesse des Kaisers am Heer hervorzuheben. Noch zu Lebzeiten des Septimius Severus soll Caracalla versucht haben, „das Militär für sich zu gewinnen"[76]. „Insbesondere bemühte er sich um die Heerführer mit großen Geschenken und Versprechungen, da[mit] sie das Heer dazu brächten, ihn allein als Imperator zu proklamieren"[77]. Nachdem Caracalla jedoch die Alleinherrschaft übernommen hatte, soll er – nach Herodian – über seine Bemühungen um die Soldaten seine Aufgaben in der Rechtsprechung vernachlässigt haben[78]. Was die Biographie des Caracalla betrifft, ist dies die einzige Stelle, an der der Historiker das römische Rechtswesen erwähnt. Über die Constitutio Antoniniana, die genaueren Umstände, die zum Erlass dieses Ediktes geführt haben, sowie die Folgen dieser Maßnahme berichtet Herodian nichts.

3.3.3. Die Historia Augusta

Aelius Spartianus, der in der Historia Augusta als Autor der Caracalla-Biographie genannt wird[79], charakterisiert, im Gegensatz zu Cassius Dio und Herodian, zumindest den heranwachsenden Caracalla mit durchaus sympathischen Attributen[80]. Allerdings unterstellt er ihm auch – wie schon Cassius Dio – eine „angeborene[...] Verschlagenheit"[81] und naturgegebene Grausamkeit[82]. Nicht nur, dass der Princeps seinen Bruder Geta getötet haben soll[83], die Biographie erzählt zudem von zahlreichen weiteren, beinahe wahllosen Morden, die Caracalla in Auftrag gab oder auch selbst vollzog[84].

---

[73] Ebd., 3, 15 2.
[74] Vgl. ebd., 4, 2, 2f.
[75] Vgl. ebd.,4, 6, 1.
[76] Ebd., 3, 15, 1.
[77] Ebd., 3, 15, 5.
[78] Vgl. ebd., 4, 7, 1.
[79] Ob Aelius Spartianus tatsächlich der Autor dieser Biographie ist, ist äußerst umstritten.
[80] Vgl. SHA, Anton. Car. 1.
[81] Ebd., 2, 1.
[82] Vgl. ebd., 5, 2.
[83] Vgl. ebd., 2, 4.
[84] Vgl. ebd., 3, 5.

Die Herrschaft Caracallas vergleicht der Autor mit der Diktatur Sullas, da sich der Kaiser sowohl gegenüber dem Senat als auch dem Volk hochmütig verhalten habe[85]. Nutznießer seiner Politik seien lediglich die Soldaten gewesen, deren Gunst er sich durch großzügige Geldgeschenke erkaufte[86]. Über das römische Rechtswesen unter der Regentschaft Caracallas und die Constitutio Antoniniana teilt die Historia Augusta nichts mit.

3.4. Auswertung

Die drei analysierten Quellen geben uns, was das römische Rechtswesen unter der Herrschaft Caracallas und speziell die Constitutio Antoniniana betrifft, nur unzureichende Informationen. Während Herodian und die Historia Augusta das Thema gänzlich ausklammern, erwähnt Cassius Dio das kaiserliche Edikt lediglich im Zusammenhang mit der Geldgier des Princeps. Einen gesonderten Bericht ist ihm die Verleihung des römischen Bürgerrechts an alle Einwohner des Imperium Romanum allerdings nicht wert[87].

Doch Cassius Dio, Herodian und die Historia Augusta sind nicht die einzigen Quellen über die Soldatenkaiserzeit, die ein „bemerkenswerte[s] Desinteresse der Zeitgenossen an der C[onstitutio] A[ntoniniana]"[88] aufzeigen. Selbst antike Münzen, „die viele weit weniger wichtige Ereignisse [der römischen Geschichte] spiegeln"[89], verzichteten auf eine Dokumentation dieser kaiserlichen Maßnahme. Die schlechte Quellenlage bezüglich des Edikts aus dem Jahr 212 n. Chr. ist deshalb wohl auch darauf zurückzuführen, dass es offensichtlich bei den Zeitzeugen nur wenig Beachtung fand[90]. Der Constitutio Antoniniana, den Umständen ihres Erlasses sowie den Folgen, die sich aus ihr für das Römische Reich ergaben, scheint daher wohl „alles Spektakuläre"[91] gefehlt zu haben.

Diese Tatsache spricht für die These von Ernst Schönbauer und klar gegen die von Ludwig Mitteis. Ausgehend von den Quellen ist anzunehmen, dass die allgemeine Verleihung des römischen Bürgerrechts weder weitreichende Einschnitte in die Rechtsordnung des Imperium Romanum, noch eine Verschärfung der Krise während der Soldatenkaiserzeit verursacht hat[92]. Wäre dies doch der Fall gewesen, so hätten sich die drei Autoren, die in ihren Texten die

---

[85] Vgl. ebd., 4, 10.
[86] Vgl. ebd., 2, 8.
[87] Vgl. Schönbauer (1931), S. 278.
[88] Wolff, Hartmut: Die Constitutio Antoniniana und Papyrus Gissensis 40 I, Köln, S. 63.
[89] Grant: Wendepunkt, S. 100.
[90] Vgl. Wolff, S. 9.
[91] Ebd., S. 9.
[92] Vgl. ebd., S. 63.

Herrschaft Caracallas alle äußerst kritisch beurteilen[93], diese Möglichkeit, eine weitere Verfehlung des Kaisers darstellen zu können, sicherlich nicht entgehen lassen[94]. Doch die Constitutio Antoniniana wird weder von den Zeitgenossen Cassius Dio und Herodian ausreichend thematisiert[95], noch in der etwa 90 Jahre später verfassten Caracalla-Biographie der Historia Augusta beanstandet, deren Verfasser über eventuelle negative Folgen des Edikts – wie zum Beispiel die von Mitteis vermuteten Strukturprobleme im römischen Rechtswesen – sicherlich informiert gewesen wäre.

Die antiken Quellen geben uns also keinerlei Hinweise auf Probleme innerhalb des römischen Rechtssystems während der Soldatenkaiserzeit, die durch die Constitutio Antoniniana verursacht worden wären und widersprechen damit der Ansicht Mitteis´ [96]. Dass statt dessen vielmehr die These Schönbauers zutrifft, bekräftigt auch die antike juristische Literatur, die ebenfalls weder Einschnitte noch Krisensymptome im Bereich des Rechtswesens zu jener Zeit erkennen lässt[97]. Es ist daher davon auszugehen, dass Ernst Schönbauer mit seiner Vermutung, dass trotz der Constitutio Antoniniana „die bisherigen staatsrechtlichen Einheiten als Rechtsträger [bestehen blieben] und [...] ihre Rechtsordnung, also die Gemeindeverfassung, beibehalten"[98] wurde, richtig liegt, zumal zahlreiches Urkundenmaterial die weitere Existenz nicht-römischer Rechtsnormen bestätigt[99].

Auch die Rechtshistoriker Hartmut Wolff[100] und Gerhard Dulckeit[101] stimmen Schönbauer zu. Nach ihren Recherchen haben sich die rechtlichen Verhältnisse im Reich durch das kaiserliche Edikt kaum verändert. Da „die städtische Selbstverwaltung und die einheimische Gerichtsbarkeit in den Provinzen [nachweislich] erhalten"[102] blieb, steht deshalb außer Zweifel, dass es im Zuge der Constitutio Antoniniana nicht zu einer Ersetzung der traditionellen Volksrechte durch das römische Recht gekommen ist[103].

---

[93] Die Historia Augusta unterstellt Caracalla sogar, seine Stiefmutter Iulia geehelicht und damit Blutschande begangen zu haben. Vgl. SHA, Anton. Car. 10, 4.
[94] Vgl. Schönbauer (1931), S. 278.
[95] Für Cassius Dio scheint diese Maßnahme lediglich Auswirkungen auf die Fiskalpolitik gehabt zu haben, weswegen er zwar die Motivation des Princeps bei der allgemeinen Verleihung des römischen Bürgerrechts in Frage stellt, das Edikt an sich jedoch nicht. Vgl. dazu Schönbauer (1931), S. 278.
[96] Vgl. Schönbauer (1931), S. 280.
[97] Vgl. Schönbauer (1937), S. 313.
[98] Ebd., S. 312.
[99] Vgl. Schönbauer: Recht, S. 371.
[100] Wolff, S. 70.
[101] Dulckeit, Gerhard: Römische Rechtsgeschichte, 8. Auflage München 1989, S. 222.
[102] Ebd., S. 223.
[103] Vgl. ebd., S. 222.

4. Die Beurteilung der Constitutio Antoniniana aus heutiger Sicht

Im vorigen Kapitel konnte gezeigt werden, dass die Constitutio Antoniniana die damals bestehende Rechtsordnung des Imperium Romanum nicht gestört und somit auch nicht zur allgemeinen Krise der Soldatenkaiserzeit beigetragen hat. Von einigen Historikern[104] wird das kaiserliche Edikt aus dem Jahr 212 n. Chr. dennoch als ein Krisensymptom jener Zeit angesehen, da es den Bruch mit einer jahrhundertealten Tradition, nach der nur die freien Einwohner der Stadt Rom ein Anrecht auf die römische Staatsbürgerschaft hatten[105] und diese nur in vereinzelten Ausnahmefällen an Fremde verliehen wurde[106], vollzogen haben soll. Durch die Ausdehnung des römischen Bürgerrechts auf alle Reichsbewohner sei dieses zudem – zumindest im rechtlichen Sinn – zu einem wertlosen Status herabgesetzt worden[107].

Doch die Existenz des römischen Bürgerrechts war nie nur an Rom gebunden, weshalb auch bereits in der Frühen Republik römische Bürger außerhalb Italiens lebten[108]. Forschungen über die römische Bürgerrechtspolitik lehren zudem, dass sich mit dem Fortschreiten der Kolonisation und der damit einher gehenden Romanisierung des Mittelmeeraums die Verleihung des Bürgerrechts an Peregrine seit der Späten Republik zu einem immer bedeutenderen politischen Instrument entwickelte, das im weiteren Verlauf des Prinzipats im immer breiteren Umfang Verwendung fand[109]. Aus diesem Grund ist anzunehmen, dass die Constitutio Antoniniana auch im Bereich der römischen Bürgerrechtspolitik keinen Einschnitt verursacht hat, sondern lediglich die Endstufe eines langen Prozesses darstellt[110].

Am Anfang dieser Entwicklung stehen die bereits im 1. Jahrhundert v. Chr. an Anzahl deutlich zunehmenden individuellen und auch kollektiven Bürgerrechtsverleihungen[111], mit denen im Zuge der römischen Kolonisation die Loyalität der Führungsschichten fremder Regionen gesichert werden sollte[112]. So dehnte der römische Staat zum Beispiel nach dem Bundesgenossenkrieg (91 – 89 v. Chr.) sein Bürgerrecht auf die italischen Verbündeten aus[113], die in Folge dessen in den Genuss der mit der römischen Staatsangehörigkeit

---

[104] Zum Beispiel Michael Grant, in: Grant: Geschichte, S. 410.
[105] Vgl. Grant, Michael: Rom, München 1960, S. 139.
[106] Vgl. Christ: Geschichte, S. 457.
[107] Vgl. Martin, S. 76.
[108] Vgl. Ferenczy, Endre: Rechtshistorische Bemerkungen zur Ausdehnung des römischen Bürgerrechts und zum ius Italicum unter dem Prinzipat, in: Hildegard Temporini (Hrsg.): Aufstieg und Niedergang der römischen Welt, Bd. 14, Berlin 1982, S. 368.
[109] Vgl. ebd., S. 1020.
[110] Vgl. Christ: Geschichte, S. 461.
[111] Vgl. Christ: Geschichte, S. 379.
[112] Vgl. ebd., S. 458.
[113] Vgl. ebd., S. 379.

verbundenen Privilegien kamen[114]. Da Rom allerdings auch weiterhin seine stadtstaatlichen Strukturen behielt[115] und es vielen Einwohnern Italiens aus geographischen Gründen nicht möglich war, die Volksversammlung zu besuchen[116] und somit ihre politischen Rechte wahrzunehmen, kann bereits hier nicht mehr von einem effektiven Bürgerrecht die Rede sein.

Während des Prinzipats hielten die Kaiser an der Politik, die die Expansion des Imperium Romanum durch entsprechende Bürgerrechtsverleihungen unterstützte, fest und dehnten auf diese Weise die römische Staatsangehörigkeit auch auf die Provinzen des Reiches aus[117]. Bemerkenswert ist dabei, dass diese Bürgerrechtspolitik nacheinander verschiedene Stufen nahm. Beschränkten sich die Principes der iulisch-claudischen Dynastie bei der Bürgerrechtsverleihung noch auf den italischen Raum und seine Nachbargebiete, so weiteten die Flavier das römische Bürgerrecht bereits bis nach Africa und die donauländischen Provinzen aus[118]. Unter Traian, dem „ersten Kaiser, der nicht aus Italien stammte"[119], erreichte die römische Staatsbürgerschaft erstmals sogar den hellenistischen Osten[120]. Das Edikt des Kaisers Caracalla im Jahr 212 n. Chr. schloss diese „drei Jahrhunderte umspannende Periode fortwährender Aufnahmen von Reichsbewohnern in die civitas Romana"[121] schließlich ab und gilt deshalb als die letzte bedeutende Bürgerrechtsverleihung der Römischen Geschichte.

Die Constitutio Antoniniana markiert somit den Endpunkt einer römischen Bürgerrechtspolitik, die seit Beginn der Kolonisation mit Bürgerrechtsverleihungen an Peregrine eroberte Gebiete absicherte. Zwar büsste das römische Bürgerrecht mit der wachsenden Zahl der rechtlich Privilegierten enorm an Bedeutung ein[122], dieser Prestigeverlust kann jedoch nicht auf das Jahr 212 n. Chr. zurückgeführt werden, sondern muss weit früher, möglicherweise sogar noch in der Späten Republik datiert werden.

Die Untersuchung der Constitutio Antoninina hat ergeben, dass sie weder die Rechtsstruktur des römischen Rechtswesens negativ beeinflusst, noch mit der Tradition des römischen Bürgerrechts gebrochen hat und deshalb auch nicht als Krisensymptom der Soldatenkaiserzeit

---

[114] Dazu gehörten vor allem die Befreiung von der Grundsteuer und Tributzahlungen an Rom. Vgl. Simshäuser, Wilhelm: Untersuchungen zur Entstehung der Provinzialverfassung Italiens, in: Hildegard Temporini (Hrsg.): Aufstieg und Niedergang der römischen Welt, Bd. 13, Berlin 1980, S. 403f.
[115] Vgl. ebd., S. 402.
[116] Vgl. Dulckeit, S. 133.
[117] Vgl. Christ: Geschichte, S. 458.
[118] Vgl. Ferenczy, S. 1040.
[119] Grant: Rom, S. 36.
[120] Vgl. Ferenczy, S. 1042.
[121] Wolff, S. 7.
[122] Vgl. Simshäuser, S. 403.

bezeichnet werden darf. Doch auch wenn das kaiserliche Edikt nicht zur damaligen Krise beigetragen hat, so ist die Tatsache, dass sie gerade in jener Zeit erlassen wurde, nicht auf den Zufall zurückzuführen.

Die oben angesprochene Entwicklung der Bürgerrechtspolitik während des Prinzipats wurde stark vom Senat beeinflusst, auf den sich diese neue Regierungsform nach dem Untergang der Republik hauptsächlich gestützt hatte. Zu Beginn hielten sich die iulisch-claudischen Kaiser mit Bürgerrechtsverleihungen an die peregrine Reichsbevölkerung noch weitestgehend zurück[123], da die Mehrheit der Senatoren aus Italien stammte und diese die Privilegien, die ihnen das römische Bürgerrecht zu diesem Zeitpunkt noch exklusiv gewährte, nicht mit den Provinzialen teilen wollten. Diese Zurückhaltung bei der Verleihung des Bürgerrechts sollte der Senat jedoch im weiteren Verlauf des Prinzipats nach und nach verlieren[124], da mit der fortschreitenden Romanisierung auch die italischen Senatoren zunehmend durch solche aus den Provinzen verdrängt wurden[125]. „Im 3. Jahrhundert n. Chr. stammte noch rund ein Drittel der Senatoren aus Italien, während der Anteil derjenigen aus den Provinzen, insbesondere aus Nordafrika und aus dem griechischen Osten erheblich zugenommen hatte"[126]. Dies ermöglichte den Principes, die seit Traian selbst nicht mehr der italischen Oberschicht angehörten[127], das Bürgerrecht an immer mehr Provinziale zu verleihen.

Doch obwohl sich das römische Bürgerrecht immer weiter in die Provinzen des Imperiums ausdehnte, war eine Verleihung an alle freien Reichsbewohner vor der Soldatenkaiserzeit undenkbar, da sich der Senat bis dahin immer geweigert hatte, eine solche Politik zu akzeptieren. Es ist daher nicht weiter verwunderlich, dass die Constitutio Antoniniana in einer Zeit erlassen wurde, in der sich die Macht des Princeps nicht mehr hauptsächlich auf den Senat, sondern auf sein Heer stütze[128] und die Senatoren in Folge dessen kaum noch Einfluß auf öffentliche Angelegenheiten oder gar die kaiserliche Gesetzgebung hatten[129]. Somit ist die Constitutio Antoniniana, die für sich zwar kein Krisensymptom der Soldatenkaiserzeit darstellt, dennoch als symptomatisch für jene Zeit zu bezeichnen. Die Verleihung des römischen Bürgerrechts an alle Reichsbewohner war schließlich nur möglich, weil sich das Imperium – und in diesem Zusammenhang vor allem der Senat – in einer Krise befand.

---

[123] Vgl. Ferenczy, S. 1034.
[124] Vgl. ebd., S. 1054.
[125] Vgl. Simshäuser, S. 421.
[126] Christ: Geschichte, S. 697.
[127] Traian stammte aus Hispanien. Vgl. Ferenczy, S. 1042.
[128] Vgl. Martin, S. 75.
[129] Vgl. Rostovtzeff, S. 403.

Mit der Constitutio Antoniniana „verlor das römische Bürgerrecht [schließlich] jede Beziehung zu einer wie auch immer noch festgehaltenen stadtstaatlichen Reichsstruktur"[130]. Damit wandelte sich nun auch die Bedeutung der civitas Romana endgültig von einer Stadtbürgerschaft in eine Staatsangehörigkeit[131], so dass seit dem dritten Jahrhundert sämtlichen Bewohnern des Imperium Romanum die Bezeichnung *Romani* zukam[132]. Das Edikt des Kaisers Caracalla bereitete somit den „Übergang vom privilegierten Bürgerverband zum homogenen Untertanenstaat"[133] vor und schuf auf diese Weise die staatsrechtlichen Voraussetzungen für eine neue Regierungsform, das Dominat[134], dessen Reichseinheit in der Spätantike ohne die Constitutio Antoninina nicht denkbar gewesen wäre[135].

5. Zusammenfassung

Mit der Constitutio Antoniniana, einem Edikt aus dem Jahr 212 n. Chr., verlieh Kaiser Caracalla das römische Bürgerrecht an alle freien Bewohner des Imperium Romanum. Die Tatsache, dass die Verfügung in der Soldatenkaiserzeit erlassen wurde und nähere Einzelheiten über dieses historische Ereignis nicht überliefert sind, haben in der Geschichtswissenschaft Spekulationen darüber hervorgerufen, in wie weit diese kaiserliche Maßnahme ihren Teil zur damaligen Reichskrise, die sich bereits im Bereich des Militärs, der Politik, der Wirtschaft und der Gesellschaft bemerkbar machte, beigetragen hat.

Ludwig Mitteis ist davon überzeugt, dass mit der reichsweiten Ausdehnung des römischen Bürgerrechts auch eine Nivellierung der provinzialen Rechtsordnung einher ging, weil die lokalen Volksrechte durch das römische Recht ersetzt worden seien. Da es Kaiser Caracalla jedoch versäumt habe, eine entsprechende Justizreform zu erlassen, hätte dies dem römischen Rechtswesen gewaltige Strukturprobleme bereitet und damit die Krise jener Zeit verstärkt.

Ernst Schönbauer dagegen interpretierte die schlechte Quellenlage über die Constitutio Antoniniana als offensichtliches Desinteresse der Zeitgenossen an dieser Verordnung, was wiederum dafür spräche, dass das Edikt keine – wie von Mitteis vermutet – dramatischen Auswirkungen auf die römische Rechtsordnung hatte. Weitere Untersuchungen – wie die von

---

[130] Simshäuser, S. 422.
[131] Vgl. Sasse, S. 17.
[132] Vgl. Mitteis, S. 159.
[133] Wieacker, Franz: Römische Rechtsgeschichte. Quellenkunde, Rechtsbildung, Jurisprudenz und Rechtsliteratur, Bd. 1, München 1988, S. 23.
[134] Vgl. Kornemann, S: 310.
[135] Vgl. Wolff, S. 70.

Wolff und Dulckeit –, die bestätigten, dass auch nach 212 n. Chr. die lokalen Rechtsstrukturen erhalten blieben, stützen diese These Schönbauers.

Doch auch wenn die kaiserliche Verordnung keine negativen Folgen für das römische Rechtswesen hatte, so wird die Constitutio Antoniniana häufig trotzdem als Krisensymptom der Soldatenkaiserzeit betrachtet, da sie durch die allgemeine Verleihung des Bürgerrechts mit einer alten Tradition gebrochen haben soll, nach der nur Einwohner Roms ein Anrecht auf dieses Privileg hatten. Betrachtet man jedoch die römische Bürgerrechtspolitik seit dem Ende der Republik, wird sehr schnell deutlich, dass bereits im ersten Jahrhundert v. Chr. und nicht erst mit der Constitutio Antoninana auch peregrine Bewohner des Imperium in den Genuss des römischen Bürgerrechts gekommen sind.

Da die Constitutio Antoninaian also weder das römische Rechtssystem nachhaltig negativ beeinflusst, noch mit der Tradition des Bürgerrechts gebrochen hat, darf man sie nicht als Krisensymptom der Soldatenkaiserzeit bezeichnen. Bemerkenswert ist allerdings, dass dieses Edikt erst erlassen werden konnte, als sich das Reich – und vor allem auch der Senat - in einer Krise befand. Zuvor, als die Senatoren noch Einfluss auf die Gesetzgebung des Princpes ausüben konnten, hatten diese einer reichsweiten Verleihung des römischen Bürgerrechts immer widersprochen.

Die Constitutio Antoniniana hat also selbst nichts zur Reichskrise im dritten Jahrhundert beigetragen, kann aber durchaus als Symptom dieser Zeit angesehen werden, zumal sie den von Jakob Burckhardt angesprochenen historischen Prozess, der in diesem Fall die Ablösung des Prinzipats durch das Dominat bewirkte, unterstützt hat, in dem es das römische Bürgerrecht zu einem Reichsbürgerrecht umgestaltete. Am Beispiel der Constitutio Antoniniana lässt sich deshalb eindrucksvoll beobachten, dass es sich bei der Soldatenkaiserzeit nicht um eine Phase des absoluten Niedergangs handelt, sondern dass sich bereits während oder vielmehr auch durch die Krise selbst grundlegende Veränderungen vollzogen haben und neue Verhältnisse entstanden sind, auf denen sich ein neues politisches System aufbauen konnte[136].

---

[136] Seyfarth, Wolfgang: Römische Geschichte. Kaiserzeit 1, Berlin 1974, S. 224.

6. Literaturverzeichnis

6.1. Quellen

Hohl, Ernst: Historia Augusta. Römische Herrschergestalten, Bd. 1: Von Hadrianus bis Alexander Severus, München 1976.

Müller, Friedhelm L.: Herodian. Geschichte des Kaisertums nach Mark Aurel, Stuttgart 1996.

Veh, Otto: Cassius Dio. Römische Geschichte, Bd. 5: Epitome der Bücher 61 – 80, München 1987.

Weissert, Daniel: Bemerkungen zum Wortlaut des P. Giss. 40 I. (Constitutio Antoniniana) Z. 1 – 9, in: Hermes 91 (1963), S. 239 – 250.

6.2. Sekundärliteratur

Alföldy, Géza: Historisches Bewußtsein während der Krise des 3. Jahrhunderts, in: Géza Alföldy (Hrsg.): Krisen in der Antike. Bewußtsein und Bewältigung, Düsseldorf 1975, S. 112 – 132.

Bengtson, Hermann: Grundriss der Römischen Geschichte mit Quellenkunde, Bd. 1: Republik und Kaiserzeit bis 284 n. Chr., München 1967.

Birley, A. R.: Constitutio Antoniniana, in: Der Neue Pauly, Bd. 3, Sp. 147f.

Christ, Karl: Geschichte der römischen Kaiserzeit, 2. Auflage, München 1992.

Christ, Karl: Die Römer. Eine Einführung in ihre Geschichte und Zivilisation, 3. Auflage, München 1994.

Dulckeit, Gerhard: Römische Rechtsgeschichte, 8. Auflage, München 1989.

Ferenczy, Endre: Rechtshistorische Bemerkungen zur Ausdehnung des römischen Bürgerrechts und zum ius Italicum unter dem Prinzipat, in: Hildegard Temporini (Hrsg.): Aufstieg und Niedergang der römischen Welt, Bd. 14, Berliln 1982, S. 1017 – 1058.

Franke, Thomas: Soldatenkaiser, in: Der Neue Pauly, Bd. 11, Sp. 698.

Galsterer, Hartmut: Civitas, in: Der Neue Pauly, Bd. 2, Sp. 1224 – 1226.

Grant, Michael: Das Römische Reich am Wendepunkt. Die Zeit von Mark Aurel bis Konstantin, München 1972.

Grant, Michael: Die Geschichte Roms. Von den Etruskern bis zum Untergang des Römischen Reiches, Bergisch Gladbach 1986.

Grant, Michael: Rom, München 1960.

Heuß, Alfred: Römische Geschichte, 6. Auflage, München 1998.

Kaser, Max: Römische Rechtsgeschichte, 2. Auflage, Göttingen 1986.

Kornemann, Ernst: Römische Geschichte, Bd. 2: Die Kaiserzeit, 4. Auflage Stuttgart 1954.

Martin, Jochen: Das alte Rom. Geschichte und Kultur des Imperium Romanum, München 1994.

Mitteis, Ludwig: Reichsrecht und Volksrecht in den östlichen Provinzen des östlichen Kaiserreichs. Leipzig 1891.

Rostovtzeff, Michael: Geschichte der alten Welt, Bd. 2: Rom, Leipzig 1942.

Sasse, Christoph: Die Constitutio Antoniniana. Eine Untersuchung über den Umfang der Bürgerrechtsverleihung auf Grund des Papyrus Giss. 40 I., Wiesbaden 1958.

Schönbauer, Ernst: Das Römische Recht nach 212 in ausschließlicher Geltung?, in: Österreichische Akademie der Wissenschaften. Philosophisch-historische Klasse 86 (1949), S. 369 - 389.

Schönbauer, Ernst: Die Doppelbürgerschaft in römischen Reiche und ihre Wirkung auf die Rechtsentwicklung, in: Österreichische Akademie der Wissenschaften. Philosophisch-historische Klasse 86 (1949), S. 343 – 369.

Schönbauer, Ernst: Reichsrecht gegen Volksrecht ? Studien über die Bedeutung der Constitutio Antoniniana für die römische Rechtsentwicklung, in: Zeitschrift der Savigny-Stiftung für Rechtsgeschichte. Romanistische Abteilung, Bd. 51 (1931), S. 277 – 335.

Schönbauer, Ernst: Reichsrecht, Volksrecht und Provinzialrecht. Studien über
die Bedeutung der Constitutio Antoniniana für die römische Rechtsentwicklung, in: Zeitschrift der Savigny-Stiftung für Rechtsgeschichte.
Romanistische Abteilung 57 (1937), S. 309 – 355.

Seyfarth, Wolfgang: Römische Geschichte. Kaiserzeit 1, Berlin 1974.

Simshäuser, Wilhelm: Untersuchungen zur Entstehung der Provinzialverfassung Italiens, in: Hildegard Temporini (Hrsg.): Aufstieg und Niedergang der römischen Welt, Bd. 13, Berlin 1980, S. 401 – 452.

Söllner, Alfred: Einführung in die römische Rechtsgeschichte, 5. Auflage,
München 1996.

Sommer, Michael: Die Soldatenkaiser, Darmstadt 2004.

Wieacker, Franz: Römische Rechtsgeschichte. Quellenkunde, Rechtsbildung,
Jurisprudenz und Rechtsliteratur, Bd. 1, München 1988.

Wolff, Hartmut: Die Constitutio Antoniniana und Papyrus Gissensis 40 I, Köln
1976.